AF595175

Th. DAREL

DE LA
Naissance Spirituelle
OU
Nouvelle Naissance

50 CENTIMES

PARIS
BIBLIOTHÈQUE CHACORNAC
11, QUAI SAINT-MICHEL, 11

1906

Th. DAREL

DE LA

Naissance Spirituelle

OU

Nouvelle Naissance

50 CENTIMES

PARIS
BIBLIOTHÈQUE CHACORNAC
11, QUAI SAINT-MICHEL, 11

1906

De la Naissance spirituelle ou nouvelle Naissance [1]

Je vous dis en vérité que quiconque ne recevra pas le royaume de Dieu comme un enfant n'y entrera point.

(Luc, xviii, 17.)

Objectivement, le royaume de Dieu est la réalisation de l'Harmonie dans le monde des formes, soit le synchronisme parfait entre la vertu en soi et la vertu manifestée, entre l'unité et la multiplicité, ou, si l'on préfère, entre Dieu considéré comme qualité suprême et les quantités différentielles qui, émanées de Lui, retournent à Lui après leur pèlerinage dans la matière et au travers d'elle. Mais la véritable nature du royaume de Dieu doit être envisagée au point de vue subjectif car, en se suffisant à elle-même, *elle seule* permet la réalisation objective, adaptation de l'Esprit à la forme. Trouver l'Esprit est du domaine subjectif. Or, l'Esprit a pour temple le corps de l'homme et, par extension, le Cosmos, soit le corps de l'Univers.

Toutefois, l'Esprit ne s'identifie à ce corps que dans la somme de réalisation que comporte pour ce der-

(1) Extrait de *Homme ou Dieu ?* essai de Mystique rationnelle, en préparation.

nier le synchronisme de sa nature responsive. Pour être adéquat à la Nature divine, un tel synchronisme doit répondre aux vibrations de l'Esprit jusqu'en la molécule physique elle-même. C'est dire à quel point l'échelle atomique de matière qui sert de véhicule à l'Esprit dans la série de ses manifestations est susceptible de résultante unitive.

Le corps de Jésus en est un exemple concret. Nous le voyons identifié à l'Esprit de telle façon qu'il échappe aux lois physiques et sert de « pont » entre le manifesté et le non manifesté.

A l'exemple du Maître divin, tout homme a le devoir d'établir en lui-même le règne de Dieu et, par là, de le vivre dans le monde. *Le ciel est au dedans de vous*, dit l'Écriture. Il n'est point besoin, pour le gagner, de s'isoler du monde ni de mortifier sa chair. Le chercher dans les formes n'est pas davantage nécessaire, à moins que l'on ne se contente d'un Ciel représentatif, où l'Être en soi revêt pour des besoins immédiats telle apparence qui convienne à la nature humaine.

Le Dieu des religions est généralement compris sous cette acception succédanée. Et celui-là même qui, du haut de la chaire, s'efforce de mettre Dieu à la portée de l'humanité, n'est point exempt de matérialisation de l'Idée divine, à ce point que Dieu en arrive à revêtir toutes les faiblesses de l'homme, à en personnifier toutes les passions et à revendiquer, au nom de la limitation corporelle, le privilège d'appartenir à tel groupement à l'exclusion de tel autre.

Est-il besoin de le dire, semblable conception tient

compte, plus que de raison, de l'infériorité humaine et de ses aléas constitutifs. Elle ignore les sources profondes d'où procède la vie, même lorsqu'elle s'exprime sous son aspect le plus dénué de ressemblance avec le Divin. Un tel fait trouve cependant son explication dans le caractère formel qui est le propre de toute vie manifestée.

Bien qu'un abîme sépare la vie manifestée de la vie en soi, il existe de l'une à l'autre des points de repère qui établissent au sein de la manifestation la souveraineté du Divin. Tel est le symbolisme dans toute religion. Le symbole s'applique objectivement, tout en conservant sous les apparences les plus grossières le secret de son origine spirituelle.

Pour cette raison, l'on ne saurait condamner la forme ; il faut la comprendre, toute surannée qu'elle paraisse et quelles que soient ses imperfections relatives.

La meilleure manière de mettre la vie de l'Esprit à la portée de la masse est, sans contredit, de ne point séparer à son intention le Divin du symbole qui en est la représentation. Mais encore faut-il que l'interprétation du symbole soit en rapport avec l'évolution individuelle.

A ce défaut, l'incrédulité surgit et disparaissent momentanément, avec elle, les sollicitations de l'Esprit. D'*extérieures*, ces dernières deviennent *intérieures* après un temps donné. Il semble que les véhicules qui caractérisent la personnalité épuisent les rapports vibratoires qui lui sont propres et s'en remettent à un échange autre.

Où l'homme animal finit, *l'homme divin* commence. Divin, tout être l'est en puissance, mais il s'agit de découvrir les potentialités ignorées, de s'en pénétrer et de les vivre. Le Divin dans l'humanité débute par la première aspiration à la vie de l'Esprit, aspiration vague, indéterminée, parce que dénuée de forme. Tout imparfaite qu'elle soit, une telle aspiration n'en constitue pas moins le foyer qui groupera autour de soi des aspirations ultérieures, qui se solidarisera avec elles et finira par soumettre à son empire les contingences médiates.

Jusqu'alors le symbole, soit la représentation formelle est, pour ainsi dire, indispensable à la préhension du Divin. C'est pourquoi les religions sont nécessaires ; elles sont autant d'étapes sur la route du *devenir* spirituel et répondent, chacune pour soi, aux aspirations que ne parviendrait point à formuler, sans elles, la masse ignorante, bien que désireuse de se rattacher à quelque chose de supérieur.

En toute connaissance de cause, on ne saurait incriminer les religions d'avoir *matérialisé* de tant de façons l'Idée divine. Leur rôle ne consiste-t-il pas à mettre à la portée du vulgaire la vérité immédiate, incompréhensible pour celui-ci tantqu'il n'est point parvenu à la vivre en soi-même ? A peine peut-on leur reprocher d'avoir fait œuvre sectaire, car, à une certaine phase de l'évolution, on ne progresse point sans fanatisme.

Aujourd'hui que s'établit peu à peu l'*Unité* de vie spirituelle au sein des communautés de tout ordre, il est permis de reconnaître qu'en dépit de tant de maux le fanatisme a servi la cause du Progrès. Non pas qu'il constitue en soi un bien, loin de là. Mais, susceptible d'opposition au même titre qu'un mal relatif, il sert de tremplin à l'âme durant sa période d'enthousiasme non assagie par la *Connaissance*. Après quoi, comme bien l'on pense, et toutes réserves faites quant aux effets consécutifs particuliers aux causes secondes mises en mouvement, après quoi l'équilibre s'établit et rejette par lui-même toute scolastique imprégnée de tendances non adéquates à son exercice.

Homme et Dieu tout à la fois, Jésus fut appelé à consacrer aux yeux du monde la plénitude de la vie de l'Esprit dans l'être humain.

Non accoutumé à une telle perfection unitive, le monde accueillit comme l'on sait le déploiement de tant de vertu : il crucifia moralement, plus que physiquement peut-être, le modèle divin, et chaque jour, depuis tantôt vingt siècles, voit se renouveler, sous une forme ou sous une autre, le crucifiement de l'Esprit.

C'est que l'Esprit, soit la manifestation de l'Unité divine dans le monde, n'élève à soi le domaine des contingences qu'en brisant leurs formules, au fur et à mesure qu'elles perdent de leur utilité conventionnelle. En ceci consiste le sacrifice permanent de l'Esprit, sacrifice que les formes ne subissent point sans douleur et contre lequel elles réagissent de manière à assurer leur empire le plus longtemps possible.

Littéralement, la croix s'élève sur Golgotha et rejette du monde formel Celui qui se donne pour le Fils de Dieu. On peut traduire de tout temps cette opération douloureuse par l'ultime brisement de l'existence matérielle au bénéfice exclusif de la vie de l'Esprit. *Jésus*, dit l'Écriture, *rendit l'Esprit* (Jean, XIX, 30). Cette parole a un sens plus profond qu'on ne se l'est imaginé jusqu'ici ; comme toute parole contenue dans les livres sacrés, elle a son ésotérisme.

Rendre l'Esprit n'est pas du tout synonyme d'exhaler le dernier soupir. On ne confond ces termes que par ignorance de la nature du Christ dans l'homme et de la distance qui sépare la vie en soi de la vie manifestée corporellement.

Chez l'homme ordinaire, l'exode de l'âme se réduit uniquement au dépouillement cadavérique. Il ne s'accompagne d'aucun phénomène transcendant, ni ne laisse l'individu sans corporéité subséquente. En d'autres termes, l'âme personnelle subsiste tout entière avec ses limitations (à l'exception du corps physique) et avec ses contingences propres.

Il en est tout autrement chez l'Homme-Dieu.

L'Esprit qui l'anime et auquel il est identifié est celui du Logos, soit de la Plénitude absolue. Directement actionné par ce foyer d'Énergie universelle, tout ce qui constitue, chez lui, une limitation, une résistance, à quelque degré que ce soit, se résout sous l'influence du rayonnement suprême et retourne à sa source, sans laisser derrière soi aucune scorie, aucun résidu de ce qui fut sa matière charnelle. Il ne reste pas davantage trace de cette corporéité plus subtile que les Anciens dénommaient « Char de l'âme », et qui sert à cette dernière de moyen de rapport avec l'économie mondiale sous ses aspects médiats.

Par sa fusion avec le Logos, l'Homme-Dieu ne conserve après sa mort corporelle que le principe premier de toute manifestation, le germe de la matière. Il n'obéit plus, tel un homme, aux consécutivités des relations secondes et se réclame uniquement des potentialités préexistantes. *Moi et mon Père nous sommes un*, dit Jésus (Jean, X, 30). *Celui qui me voit, voit celui qui m'a envoyé* (Jean, XII, 45). La Trinité, qui est Dieu manifesté dans le monde, constitue à elle seule et sans éléments extra-corporels la vie essentielle de Jésus.

A partir de l'instant où le Maître réalise sa communion avec le Logos et devient le Verbe vivant, on cherche vainement dans les éléments de sa vie responsive sa personnalité. Celle-ci, exhaussée au profit de la vie intégrale qui a nom la Trinité, ne se manifeste plus que comme une quantité relative n'ayant pas d'existence propre. Tout, chez elle, est soumis à la Loi suprême et lui obéit. Rendre l'Esprit, lors de la période ultime de la vie physique du Maître, signifie donc, pour elle, abdiquer au profit de l'Esprit toute velléité seconde, tout commerce avec l'existence négative, tout acte qui ne soit un acte d'Amour divin.

Ainsi s'élève l'humain jusqu'à devenir dieu dans Dieu, jusqu'à réaliser en soi la vie de Fils, de Christ, de Sauveur du Monde.

Qu'il nous soit permis de traiter spécialement de la « voie spirituelle » où s'engage le disciple. Elle est *la Voie étroite qui conduit à la vie éternelle*, dit le Maître, et *il en est peu qui y entrent* (Matth., VII, 13, 14).

*

Quoi qu'il en semble, il n'y a point là une contradiction avec l'enseignement universel qui découle de la vie de Christ et de la loi d'Amour à laquelle il obéit. A la vérité, *il est une voie large, suivie par beaucoup*, parce que son accès ne comporte nul effort, ne rompt avec nul préjugé. C'est la voie de l'existence relative où se complaisent, non seulement les âmes dont l'expérience dans les choses extérieures est la loi du moment, mais nombre de celles qui possèdent à leur actif suffisamment d'expériences pour aborder un terrain plus immédiat.

Une telle voie conduit, non point à la perdition, mais à perdre son objet, à s'en détourner. En effet, l'âme qui s'attache aux conditions relatives, vivant plus que de raison dans les contingences médiates et oubliant à leur endroit les nécessités de la vie en soi, perd sa route. Elle subit le sort qui la rattache à des causes secondes indéfiniment renouvelées et s'égare dans les méandres propres à la vie formelle.

En revanche, la *voie étroite* ou *voie intérieure* s'impose à toute âme soucieuse de découvrir en soi le Divin et de s'unir à lui, tout en recouvrant les bénéfices de sa nature originelle.

On se tromperait étrangement en supposant qu'il s'agit là d'un acte de foi pur et simple. En pareille matière, la foi n'exclut nullement les œuvres ; elle les suppose, au même titre que la vie formelle exige l'activité extérieure. Ici, cependant, s'arrête toute analogie, attendu que l'acte en soi ne saurait être comparé à l'acte relatif.

Dans l'acte en soi doivent se retrouver toutes les

qualités, toutes les vertus afférentes à la Volonté divine dans son exercice d'immutabilité et d'immanence. Or, tout exercice volontaire s'appuie sur un point central et ses résultantes sont proportionnées à la somme d'efforts réalisable par une telle centration.

En général, l'individu agit pour agir, sans connaître le centre sur lequel il s'appuie. De là, le peu d'énergie de sa volition, même lorsqu'il s'agit de sa nature spirituelle. En pareil cas, l'Église remplit pour l'individu la mission de se conformer à certaines lois connues. D'autre part, elle exige de lui une obéissance absolue, une soumission passive aux ordres qu'elle lui transmet de ce chef, ordres dont elle ne lui explique ni le sens ni la portée.

Habitué à ne point penser, à ne point agir par lui-même, l'individu ne peut se rendre compte de ce qu'est la nature spirituelle en soi. Aussi bien, une phase de réaction violente survient à un moment donné qui l'arrache au tronc duquel il tirait sa nourriture et le place dans telles conditions où il apprend à utiliser sa puissance propre.

Hors de l'Église, comme au sein des éléments qui la comprennent, peuvent donc se trouver réunies les conditions nécessaires à la reconnaissance de la vie spirituelle et à ses conséquences futures.

Alors commence pour l'individu la période d'introspection que l'on qualifie de « retour sur soi », de « rentrée en soi-même » ou, plus simplement, « d'examen de conscience ». Cette conscience, il s'agit, après l'avoir reconnue dans ses effets, de l'établir dans sa cause et de faire appel à ce qu'elle renferme d'indestructible, de vivant, d'éternellement semblable à elle-même.

Déjà il fut donné à l'individu de constater qu'il existe en lui deux fonctions conscientielles, l'une relative, l'autre absolue.

La fonction conscientielle relative est celle qui se manifeste chez lui différemment en des circonstances analogues ou analogiquement en des circonstances différentes. En d'autres termes, la conscience relative est soumise chez l'homme à la loi de permutation ; elle fait partie des éléments en voie de perfectionnement et constitue en quelque sorte le point culminant de leur évolution, telle une résultante intrinsèque de leurs modifications successives dans le Temps et dans l'Espace.

Par le fait, on se rend compte que la Morale, cette dépendance de la conscience relative, soit totalement autre chez le sauvage et chez l'homme civilisé. Bien plus, il n'est pas deux individus appartenant à la même race qui aient une notion identique de la Morale. C'est que, chez les uns comme chez les autres, ne s'est point éveillée encore la perception de la Conscience absolue. Vivant uniquement dans le relatif, l'Humanité ne peut participer que des corrélations spéciales au relatif, corrélations ayant leur siège dans la substance mentale.

Or la substance mentale, en tant que force cosmique et que véhicule de la pensée, vibre de façon toute différente selon qu'elle reçoit son impulsion de la conscience relative ou de la Conscience absolue.

Par son fonctionnement supérieur, la substance

mentale atteint au Divin, tout en demeurant susceptible d'obéir aux impulsions intellectuelles de l'ordre le plus élémentaire. On peut se représenter géométriquement sa puissance d'être par un triangle (1) dont le sommet représenterait l'action une et indivisible de la pensée dans le monde des causes. La base serait, en revanche, affectée aux vibrations les plus complexes du thème mental, vibrations tendant à l'unité dès qu'elles se rapprochent du sommet, confinant à la diversité la plus hétérogène lorsqu'elles participent de la base et de sa nature diffuse.

La substance mentale est, en outre, douée de la faculté de transformer en agrégats les produits de la motilité dont elle est le siège. Ainsi s'explique la permanence de la pensée et son pouvoir de répercussion indéfinie sur les centres conscientiels. De tels agrégats répondent, selon leur degré de subtilité, soit à l'attraction de la Conscience absolue, soit à celle de la conscience relative.

Au sommet du triangle mental (figure que nous avons employée pour définir, tout à la fois, l'unité et la diversité des opérations intellectuelles), au sommet de ce triangle, les agrégats de la substance mentale en mouvement sont d'une ténuité qui échappe à toute appréciation. Tels des tourbillons atomistiques, ils constituent à l'être en soi une atmosphère d'énergie

(1) Une autre figure géométrique pouvant également être invoquée en l'occurrence est un cercle homocentrique dont le point central représenterait l'Unité absolue, Unité que des combinaisons de plus en plus hétérogènes, allant en s'extravasant à partir du centre, conduiraient à la multiplicité relative.

chez laquelle prend naissance l'abstraction mentale.

L'abstraction est une faculté attenant à la Conscience absolue. Elle est la racine de la pensée dans le monde manifesté et, tout en isolant l'être en soi de l'être relatif, elle permet en ce dernier la réflexion mentale connue sous le nom de concrétion, de vision ou d'image concrète. Cela au moyen d'agrégats intermédiaires ou de relation, lesquels renferment à l'état potentiel les qualités des agrégats supérieurs, unies à un véhicule de nature moins subtile.

L'opération mentale se poursuit ainsi d'agrégat en agrégat, c'est-à-dire de pensée non manifestée ou abstraite en pensée manifestée ou concrète. Mais, et c'est ici le nœud de la question, on aurait tort de se représenter la Conscience absolue intimement liée de cette manière à la conscience relative. La conscience relative est une chose ; la Conscience absolue en est une autre. Alors que l'être en soi, l'être véritable, le Maître de l'âme humaine, s'exprime dans ses relations avec elle par *vibrations verticales*, l'être relatif ne connaît et ne répercute que les *vibrations horizontales*.

C'est par les vibrations horizontales que l'individu fait partie intégrante du monde manifesté. Il reçoit, par leur intermédiaire, les ondes génératrices de lumière, de chaleur, de vie ; c'est par elles qu'il communique avec la nature, avec ses semblables, avec tout ce qui constitue un Univers en action.

Que l'on y réfléchisse, et l'on se rendra compte que non seulement la parole vibre horizontalement, mais que la pensée elle-même se propage au moyen de vibrations du même ordre.

Pour percevoir la pensée abstraite et prendre contact avec la Conscience absolue, il est donc nécessaire d'entraîner le mental dans une direction qui ne lui est point familière. C'est cet entraînement qui constitue la base d'une éducation mystique et rationnelle à la fois, éducation sans le secours de laquelle le Penseur ou l'âme humaine ne parvient que difficilement, et de façon non continue, à entrer en rapport effectif avec le Divin.

En ceci apparaît la Croix comme signe de l'ordination spirituelle.

De ses deux bras horizontalement étendus sur le monde, la Croix montre les relations de la créature avec l'Univers. Au-dessus et au-dessous d'eux, une ligne verticale désigne l'Esprit, soit les relations de l'homme avec Dieu.

Racine de la matière, l'Esprit descend jusqu'en ses profondeurs ultimes, puis remonte à sa source au travers des éléments différenciés et des relations secondes. Mais ce n'est pas tout. A l'intersection des lignes figurant dans la Croix l'Esprit et la Matière, se trouve le point central, soit d'équilibre, qui relie le monde manifesté à sa cause première. De là s'écoulent, comme autant de fleuves d'eau vive, les forces spirituelles en action dans le monde. Là, également, prennent naissance les principes formels, c'est-à-dire les prototypes planétaires de toute manifestation.

Créé à la ressemblance de l'Architecte divin (le

Demiurgos des Grecs), l'homme se trouve porter en lui, à l'intersection de ses deux bras, le centre vivant qui le rattache à son Dieu.

La Croix et l'homme cloué sur elle dans l'agonie du suprême détachement charnel n'ont pas de sens plus caché, plus complet que celui-ci. En possession de cet arcane, l'humain sait que sous sa tunique de chair, au plus profond de son être conventionnel et transitoire, réside l'unique, l'éternelle réalité.

La position qu'occupent le cœur et l'appareil respiratoire dans l'organisme physique serait à elle seule une indication, si l'on prêtait quelque attention au phénomène vital dans ses rapports cosmiques.

La cage thoracique revêt, chez l'homme, quelque chose de la forme ovoïde, forme propre, on le sait, à la fécondation de tout être vivant. Autre phénomène, un Univers en action ne subsiste que grâce à l'attraction et à la répulsion que ses parties manifestent par rapport les unes aux autres. Ces forces représentent pour lui l'Aspir et l'Expir divins, c'est-à-dire la manifestation de la vie, au dehors comme au dedans de son organisme immense.

Nous retrouvons chez l'homme un phénomène analogue. C'est dans la cage thoracique que se trouvent situés les organes propres à l'aspiration et à l'expiration de la vie. L'observation scientifique corrobore, par le fait, l'observation métaphysique.

Et le cerveau, qu'en faites-vous, s'écriera-t-on ? N'est-il pas le siège de l'intelligence et, par cela même, le point de contact entre l'être véritable et son succédané mortel ?

Ici doit forcément s'ouvrir une parenthèse, afin qu'aucun doute ne subsiste à l'égard de notre compréhension des fonctions animiques dans un organisme corporel.

La pensée est une fonction, avons-nous dit ailleurs; qu'elle ait pour siège le cerveau est indéniable. Mais l'on ne saurait confondre la fonction avec le centre duquel l'un et l'autre procèdent. Or, jamais un centre, son nom l'indique, n'est situé au sommet ou à la base de ce à quoi il imprime le mouvement. Son action est toujours équilibrante, qu'il émette de la force centrifuge ou soit le point de ralliement de la force centripète.

Ceci prouve suffisamment, croyons-nous, la dépendance du cerveau vis-à-vis du moteur invisible, qui est à la fois l'hélice et le gouvernail de l'être. Cette double fonction, que la région cardiaque enregistre et qui a son expression physique dans la diastole et la systole, ainsi que dans la respiration et l'expiration pulmonaire, cette double fonction détermine sur le cerveau, par l'intermédiaire du grand sympathique et de ses annexes, la réflexion automatique qui a nom la vision mentale. Une telle vision fait partie intégrante du fonctionnement ordinaire de la vie cérébralisée ; elle constitue un phénomène secondaire et non point un phénomène primaire. De là ses défauts, aussi bien que ses qualités, attendu que les uns et les autres renferment des éléments de nature extrinsèque non justiciables de l'être en soi (1).

(1) Le cerveau n'en demeure pas moins la tête de ligne de

Ceci établi, revenons au fonctionnement suprême dans l'individu et au moyen d'en recueillir le bénéfice le plus adéquat à son développement spirituel.

Si l'on admet, avec nous, que l'être relatif et, par conséquent, la conscience relative soient ouverts à toutes les influences extérieures par les portes des sens et de la vie cérébralisée, le moyen de faire appel à la Vie divine apparaîtra plus clairement dans le fait que l'acte en soi, servant à mettre l'âme en relation avec le Divin, doive s'accomplir indépendamment de la vie *cérébralisée* et de ses débouchés corporels.

Il faut que se taisent les vibrations propres à la vie relative pour que puisse se faire entendre la Voix suprême, pour que s'épanouisse au cœur de l'homme la fleur mystique dont les eaux primordiales baignent les racines, tandis que ses pétales s'ouvrent à la Lumière céleste et reçoivent d'Elle les radiations nécessaires à sa germination.

On sait que le lys dans la religion chrétienne, le lotus chez les Bouddhistes et chez les Égyptiens ont pour mission de représenter le mystère dont il est ici question, mystère éternel qui représente le point de conjonction entre la nature manifestée et la na-

---

l'organisme physique. S'il n'est point envisagé à ce point de vue dans ces pages, c'est qu'elles traitent spécialement de l'organisation divine dans l'homme. Au reste, nous verrons plus loin que le cerveau est susceptible de développement spécial sous l'action de l'influx divin et collabore ainsi à l'établissement de la Conscience absolue en l'individu.

ture non manifestée, entre le positif et le négatif, entre Dieu et l'homme.

Comme la fleur dont les pétales regardent le ciel et se referment pourtant sur eux-mêmes dans une relation intime avec son *êtreté* (1), l'âme trouve en soi le point central qui la soumet à l'influence divine, tout en ne l'isolant point de la matière à laquelle elle est aussi rattachée et qui permet son objectivation.

Ce point, défini christologiquement par *le lieu secret où l'âme se retire pour communier avec son père* (Matth., VI, 6), réunit tout à la fois les qualités de résistance propres à l'individualisation et celles qui, sans en dépendre, font de l'âme la fille du Ciel.

« Un point d'appui, donnez-moi un point d'appui, et je soulèverai le monde ! », s'écrie Archimède.

Sans point d'appui, en effet, toutes les théories demeurent vaines, toutes les spéculations s'évanouissent.

Cela est vrai aussi bien dans le domaine spirituel que dans le domaine formel. Les aspirations à la vie intégrale ne sauraient générer par elles-mêmes le royaume divin dans l'individu ; elles préparent seulement les matériaux qui serviront à ériger en lui le Temple du Dieu vivant, matériaux que, faute de coordination intellectuelle et de volonté consciente d'elle-même, elles laissent hors de l'enceinte désignée pour leur élévation.

Avec la connaissance du point d'appui sur lequel doit s'opérer l'instrumentation divine, disparaissent

---

(1) Action d être.

partiellement les premières difficultés. D'autres pourront surgir plus tard, mais elles sont, somme toute, de nature secondaire.

Voyons, en conséquence, quelle méthode peut servir efficacement à l'âme désireuse de se placer sous l'obédience divine, quelle que soit d'ailleurs la forme de foi à laquelle elle se rattache. Hâtons-nous de l'ajouter, toutefois, une méthode ne vaut que par ses résultats. Elle peut être en tout point dissemblable d'âme à âme, sans que, pour cela, ces résultats en soient compromis. Dans ce domaine encore, l'expérience personnelle prévaut contre tout dogmatique.

La recherche *sui generis.* comporte une seule nécessité irréductible, *la centration mentale.* Non que celle-ci doive régner exclusivement et sans réserve sur l'individu en demeure de la pratiquer. On ne saurait passer sans transition graduelle de l'état vibratoire propre à la conscience relative aux conditions spéciales qui font appel à la Conscience absolue. Bien que, sans danger évident, une telle façon de procéder n'entraînerait point des résultats proportionnés à l'effort en cause.

L'état conscientiel nouveau doit être l'objet d'une préparation minutieuse, ordonnée, sans rien de ce qui caractérise l'esprit de relation pur et simple, soit de recherche des contingences. Basé sur le fait que l'âme humaine est indépendante en quelque sorte de l'Esprit dont elle tire sa nourriture spirituelle, l'état conscientiel nouveau doit susciter, dès l'abord, chez elle la négation de toute idée reçue, de tout parti pris dogmatique, de toute infiltration préexistante ou spéciale à un ordre de choses donné. A ce prix seulement, peut s'ouvrir pour l'âme la porte de la Connaissance directe, c'est-à-dire la relation que nous avons définie par l'échange vibratoire vertical propre à la Conscience absolue.

Nous savons que les mystiques de tous les temps n'ont que très rarement procédé par l'état préliminaire de négation que nous invoquons en la circonstance. Aussi les vit-on ramener exclusivement à la forme de foi dont ils se réclamaient le produit de leurs abstractions votives. Il y a là un phénomène naturel, bien que prêtant à une confusion regrettable, parce qu'exclusive, phénomène ayant sa source dans la formation d'images mentales propres à la conscience relative. De cette façon, la vie en soi, dans ses manifestations propres, ne peut qu'imparfaitement remplir sa fonction et répondre au caractère d'immanence et d'immutabilité dont elle se réclame.

Tel est le premier point.

Celui qui lui est subordonné a trait à la centration elle-même dans ses exercices abstractifs gradués, exercices que toutes les écoles mystiques définissent sous le nom de méditation ou encore de concentration intellectuelle. Généralement, le mystique fait appel à une sorte d'entraînement qui oblige la pensée, *dans ses fonctions relatives*, à devenir obéissante — on sait combien elle l'est peu — et à se plier à tout ce que peut exiger d'elle un mental conscient de lui-même.

Gouverner ses pensées, en régulariser le cours, afin

de permettre qu'elles puissent s'appliquer à un ordre supérieur d'investigations, tel est le résultat à atteindre.

En tenant compte de notre expérience personnelle dans ce domaine, nous avouons donner la préférence à l'abstraction ne nécessitant aucune formule caractérisée, c'est-à-dire à l'isolement pur et simple des fonctions mentales s'exerçant par réflexion sur le cerveau et empruntant son intermédiaire exclusif.

L'isolement mental renferme deux qualités éminentes en pareil état de choses. C'est de tenir compte de la portée des suggestions et des auto-suggestions imputables à la substance mentale dans ses rapports d'individu à individu, d'en atténuer considérablement les effets, puis de soumettre plus directement le centre divin chez l'homme à l'action exercée verticalement par l'Esprit.

Ces conditions se tiennent à tel point qu'en réalité elles constituent deux aspects d'une seule et même chose. Ici intervient la nécessité du point d'appui sans le secours duquel l'isolement mental lui-même demeure indéterminé, fuyant, inapte, en un mot, à surélever l'homme au delà des contingences de toute espèce.

Tout en imposant le silence à son mental et en le réduisant au calme absolu, le mystique appuiera donc sur le point qu'il suppose résider au plus profond de la région cardiaque, soit à l'intersection de la Croix figurée par l'homme, les deux bras étendus. Là, se centrera le plus possible sa volonté, nous ne disons pas sa pensée, attendu qu'il doit s'efforcer *de ne pas penser*.

Beaucoup plus difficile qu'on ne le suppose à première vue, un tel exercice ne peut guère se prolonger ; il doit simplement être répété à intervalles aussi réguliers que possible et avec une persévérance digne de la meilleure cause.

Nous l'avons dit, l'Aspir et l'Expir divins, soit l'action cosmique qui tient en équilibre les mondes (parties d'un système) et les systèmes entre eux, a sa répercussion dans l'émission sanguine et ses phénomènes consécutifs. Tant que durent ceux-ci, la vie circule dans l'organisme et relie le corps physique à la fonction planétaire correspondante.

Simultanément, la vie en soi se manifeste dans *l'homme interne* par un influx et un reflux sous l'influence desquels il est relié à son Dieu. *De virtuelle*, une telle influence doit devenir positive et réalisatrice, au même titre que le sont les fonctions physiologiques elles-mêmes.

En conséquence, l'Aspir et l'Expir divins s'exerceront en un mode que nous pouvons qualifier de majeur ; ils supposeront une sorte de mouvement alternatif qui, d'une part, élèvera l'âme jusqu'à son maximum d'expansion planétaire et reviendra, d'autre part, sur soi, exactement comme la diastole et la systole ou la respiration et l'expiration pulmonaires.

En pareil cas, le mouvement automatique accompli physiologiquement au profit de l'organisme sera accompagné d'un mouvement volontaire (1) et autant que possible non spéculatif, afin que la répercussion cérébrale soit écartée et ne constitue point un dérivatif inopportun en la circonstance.

En fait, *il n'est point question que le cerveau soit écarté complètement, son concours étant d'ailleurs indispensable pour objectiver la pensée, même en ce qui concerne ses fonctions les plus abstraites.* Il est certain centre de l'appareil cérébral qui n'est point actionné par la pensée ordinaire et qui demeure inutilisé *toutes les fois qu'il n'y a point relation définie entre la fonction divine dans l'homme et le principe universel que nous appelons Dieu.*

Écarter le cerveau, soit ne point penser durant l'exercice abstractif qui s'applique à réaliser de façon définie l'Aspir et l'Expir divins, signifie donc écarter *les fonctions cérébrales qui correspondent à la conscience relative* et non celles qui, *développées et mûries, sont susceptibles de se rapporter à la Conscience absolue.* Il y a là une distinction très importante et qui sera, nous l'espérons, comprise de tous ceux qui aspirent à réaliser consciemment en eux-mêmes le royaume de Dieu promis à l'Humanité nouvelle.

Il s'ensuit que l'éveil du centre cérébral ayant pour mission de répercuter plus spécialement les vibrations propres à la vie en soi doit *succéder* au dévelop-

---

(1) On comprendra qu'il ne se puisse agir d'un *mouvement* au sens ordinaire du terme. L'Aspir et l'Expir propres à l'âme dans ses rapports avec le Divin ne peuvent être comparés qu'analogiquement à l'action de la respiration et de l'expiration pulmonaires. Il n'est pas non plus inutile d'ajouter qu'ils ne nécessitent d'effort ni de tension d'aucune sorte. Nul trouble psycho-physiologique ne doit envahir l'âme devant l'acte métaphysique qui la rapproche du Divin.

pement spécial à la région cardiaque et *non le précéder*, comme c'est trop souvent le cas. L'inobservation de ce précepte entraîne les pires conséquences physiologiques, attendu que, non soutenu par le mouvement actif des forces divines, *avec la région cardiaque pour moteur*, le centre cérébral s'épuise en tension stérile et en vains efforts. En revanche, soumis au centre cardiaque et ne s'éveillant qu'en suite du mouvement acquis de la vie en soi, le centre cérébral proprement dit se trouve affecté normalement et sans risque aucun.

L'équilibre le plus parfait résulte pour l'organisme de l'alliance contractée entre ces termes. Sans lui, le contact des éléments indispensables à la manifestation de la vie en soi' n'est pas possible sur le plan physique, attendu que toute opération vitale se réclame d'une polarisation adéquate à sa nature.

Polariser de façon méthodique et suivie la vie divine dans l'homme est donc le but à atteindre par le mystique.

Si vous ne redevenez comme des enfants, vous n'entrerez point dans le royaume des cieux, dit l'Écriture (Matth., XVIII, 3). Que peut bien signifier une telle parole ? — On l'a généralement interprétée comme faisant appel à l'humilité du disciple, à sa soumission aveugle à la Volonté divine. Un enfant, l'Écriture dit même un petit enfant, n'a pas d'autre volonté que celle de son père. Par le fait de son incapacité à pourvoir à ses besoins, à satisfaire aux exigences de sa vie de rapport, il se voit forcément subordonné à l'être qui lui donna le jour et en tire sa subsistance.

Évidemment, l'être qui naît à la vie spirituelle se trouve dans la situation même d'un enfant. Tout ce qui est appelé à favoriser son existence, à la rendre chaque jour plus viable et plus forte, procède, non de son propre fonds, incapable encore de se suffire à lui-même, mais de la source suprême de toute vie. Son centre divin n'est encore qu'un *nucleus* dont toutes les facultés sont à l'état potentiel, parce que non soumises jusqu'ici à un véritable travail. Bien plus, ce *nucleus* doit attirer à soi, *pour s'en bâtir un corps glorieux*, les éléments qu'il puisera désormais dans ses relations conscientielles avec le Divin. Et il ne peut y parvenir que grâce à la vie infusée d'en Haut, vie de laquelle il attend tout, il espère tout et qui le domine de toutes les puissances rattachées à son exercice.

Le « corps glorieux », qu'il appartient à l'âme de développer et de voir grandir de façon plus ou moins rapide, prend donc naissance, *tel un enfant dans le sein de sa mère*. Il se constitue par une opération psycho-spirituelle ayant pour Père l'Éternel masculin et pour Mère l'Éternel féminin, l'un possédant la vie en soi, l'autre réalisant cette vie dans les profondeurs de la Substance incréée qui fait une avec Elle.

Cosubstantiels et coéternels, c'est-à-dire se manifestant cosubstantiellement durant toute une période cosmique, l'Éternel masculin et l'Éternel féminin, réunis originalement dans l'Unité, s'opposèrent l'un à l'autre et reproduisirent à cette image différenciée toutes les créatures qui devaient former l'Humanité (Adam-Ève).

Ce mystère si imparfaitement compris, si grossièrement matérialisé, qu'il constitue théologiquement une énigme insoluble, se retrouve dans la « Nouvelle naissance » et appelle sur elle l'inséparable union des forces mondiales susceptibles de donner la vie, de l'entretenir, de lui faire un manteau d'immortalité.....

A mesure que se forme chez l'individu le corps glorieux, impérissable par sa nature et immuable dans sa fonction dispensatrice, l'organisme corporel perd de ses quantités négatives et de ses qualités rudimentaires. Sous l'effort d'une polarisation spirituelle de plus en plus active, de plus en plus apte aussi à vivre en soi le mystère divin, à s'en assimiler le caractère unitif, l'être interne subordonne ses molécules obéissantes à l'influx et au reflux dont ses prototypes célestes lui fournissent les contingences spéciales ; il se dépouille, par conséquent, de ses expressions négatives les plus caractérisées et devient un « canal » par lequel s'écoule la vie en soi et qui ramène à cette vie l'intégralité de l'individu.

On prétend généralement que les vertus divines en action dans l'Humanité doivent préparer le temple futur de l'âme spirituelle et lui permettre de manifester ses premières velléités d'existence. Nous pensons, au contraire, qu'il est plus conforme à l'ordre des choses de voir ces vertus succéder au développement de l'embryon spirituel et lui être un adjuvant prévu.

En effet, comment éprouver l'humilité réelle en dehors du sentiment qui force l'âme à reconnaître sa dépendance à l'égard du Divin ? Une telle dépendance, consciemment et volontairement exercée, est adéquate au fonctionnement de l'être en soi. Seule, la distinction qui s'établit dans une âme entre la conscience relative et la Conscience absolue lui permet de constater qu'au point de vue intégral il n'est aucune de ses propriétés personnelles dont elle ne doive se dépouiller entièrement, sans restriction. *La voix divine, la voix silencieuse* ne se fait entendre au cœur de l'homme que lorsque se sont évanouies les illusions qu'il a pu conserver sur sa puissance propre, c'est-à-dire sur le produit de ses valeurs relatives et de ses mérites intrinsèques.

En rapport effectif avec le Divin, l'âme apprend chaque jour davantage à fusionner en lui ses qualités acquises, au mépris de leur existence propre. Ce lui est une leçon de choses indispensable, leçon qui, renouvelée à chacune de ses velléités personnelles, la met en présence de son incapacité et de son impuissance spécifiques.

Telle est, pour une âme en voie de spiritualisation, la seule façon logique de pratiquer l'humilité. Semblable vertu n'a rien de commun avec celle dont se parent ostensiblement les Pharisiens et les Péagers de tous les siècles.

De la même manière, l'exaltation de l'âme par la prière et la communion qui en résulte avec le Divin n'est point un état qui puisse préexister à la reconnaissance de l'être en soi. La prière n'est vraiment cet élan de l'âme, cette union de tout l'être dans le *plenum* de vie spirituelle, qu'en suite de l'action déterminée en l'individu du mouvement que nous avons qualifié d'Aspir et d'Expir divins. Sous la dénomination de prière se dérobent, il est vrai, des quantités accessoires dont la mnémotechnie fait les principaux frais. Bien que reconnaissant l'utilité conventionnelle de ce genre de prière dans le domaine de la conscience relative, nous ne saurions le confondre avec la *vraie prière, celle qui s'exprime dans les rapports avec le Père qui est en secret* (Matth., VI, 6).

Portée sur les ailes de la Foi — la foi réelle n'est-elle pas elle-même indépendante de toute conception a priori — la Prière intime et profonde a sa source dans la Conscience absolue; elle ne raisonne ni n'argumente, mais se fond en Dieu par la contemplation et dans l'extase.

L'Humilité, la Prière, ainsi que les qualités qui leur sont afférentes, appartiennent au premier chef au processus qui caractérise la Conscience absolue dans ses relations majeures ; elles font partie de l'acte en soi et sont utilisées par lui au profit exclusif du développement conscientiel suprême. Subsidiairement, les vertus théologales témoignent de l'existence du corps glorieux dont parle saint Paul. La Foi, l'Espérance, la Charité ont leur source en lui et n'existent que conjointement à lui. Il en est de même de tout ce qui constitue la vie supérieure chez l'individu. Elle s'exprime en raison directe du développement de sa corporéité spirituelle, soit en raison de la reconnaissance des potentialités préexistantes, lesquelles entrent en contact avec les contingences propres à la personnalité et lui créent des débouchés adéquats.

Toute vie chrétienne pratique (1), dans le sens que lui attribue l'apôtre Paulinien, est un appel direct à la formation du corps glorieux en l'individu. C'est par rapport à l'élaboration de ce *nucleus* de foi et de puissance éternelles, que les disciples sont appelés de « petits enfants ». *Je vous dis en vérité que, si vous ne redevenez de petits enfants, vous n'entrerez point dans le Royaume des Cieux.*

Donc, la croissance spirituelle est un fait, et non point seulement un fait métaphysique. Elle s'impose à un certain degré de l'existence individuelle, parce qu'elle est destinée à *racheter* la vie relative au bénéfice de la vie intégrale. A cette période correspond la substitution de la volonté du Père à la volonté du Fils. *Mon Père, que ta volonté soit faite, et non la mienne* (Luc, XXII, 42). — *Ta volonté soit faite sur la terre comme au ciel* (Matth., VI, 10).

Le caractère de l'être qui réalise en soi la vie de Christ ou du Fils est, en effet, de n'avoir plus de volonté propre.

Cela s'explique si l'on conçoit l'unité du fonctionnement divin. Ce qui distingue la volonté humaine de la Volonté divine est une question de limitation plus ou moins accentuée. Alors que la volonté divine embrasse l'immensité des Univers dans une commune et identique action, la volonté humaine n'accomplit son action que dans un espace et selon des

(1) Il demeure acquis que l'eschatologie propre à la vie chrétienne l'est également, bien que sous un aspect formel différent, à toute vie religieuse, qu'elle soit bouddiste, parsiste, etc.

conditions circonscrites. Des actions circonscrites naissent les luttes et toutes les relativités qui font partie de l'existence différenciée. Seule, la relativité a sa volonté propre, c'est-à-dire une volonté autre de celle qui régit le *Tout*. Le *Tout* n'a pas de volonté en dehors de *Celle* qui lui communique l'impulsion et qui agit par lui, dès le commencement.

La volonté du *Tout* est, par conséquent, identique à la Volonté divine ; elle est l'expression la plus complète et la plus étendue de l'action divine dans le monde, soit de la coexistence de Dieu et de la Nature.

Solidairement, toutes les existences différenciées affirment Dieu ; chacune pour soi, elles expriment une valeur dont le quotient est divin, bien qu'il constitue un apport insignifiant par lui-même à la somme des équivalences dont il fait partie.

Travailler en soi et pour soi constitue la première phase de l'existence des quantités différentielles ; le labeur purement humain se rattache à cette période du devenir universel et s'accomplit sous l'empire de lois conditionnées et perfectibles. Et la seconde partie de l'existence de ces quantités différentielles s'accomplit dans le retour à l'unité que nous qualifions de vie spirituelle.

Tout comme la différenciation a ses lois conditionnées et perfectibles, l'unité a ses lois définies et souveraines. Le choix s'impose entre elles dès que s'éveille au cœur de l'homme le sentiment de la Conscience absolue.

On ne peut servir Dieu et Mammon (Matth., VI, 24), dit l'Écriture.

Pris dans son sens extensif, Mammon signifie la relativité en elle-même et pour elle-même, c'est-à-dire la sujétion aux lois temporaires qui régissent l'humanité primaire.

Sous peine de se voir entraînée dans le cercle vicieux déterminé par des causes secondes indéfiniment renouvelées, l'âme ne *doit* pas s'attarder plus que de raison dans le domaine des relativités. Une fois acquise à la vie supérieure, son rôle est d'apporter dans le monde le reflet des choses divines, de transmuer les quantités différentielles en qualités immanentes et immuables.

Ouvrier avec Dieu, l'âme travaille alors à réaliser le Royaume de Dieu au sein du monde élémentaire. L'harmonisation de la vie et de la forme est son œuvre; grâce à elle, le Beau, le Vrai, le Bien descendent jusqu'en la versatilité des contingences et en obtiennent un maximum d'effet.

Pour cela, l'unité d'action qui caractérise la vie divine ne peut trouver indifféremment son expression dans les contingences de tout ordre. Seules, les plus développées d'entre elles lui prêtent un appui suffisant (1).

C'est pourquoi il est dit que sont rejetés (temporairement) les serviteurs inutiles. C'est pourquoi aussi une ligne de démarcation semble être établie entre éléments *bons* et *mauvais*, entre *élus* et *réprouvés*, bien

(1) Ce principe justifie la création d'écoles mystiques ou d'entraînement spirituel. Il importe que les âmes particulièrement disposées à cet effet trouvent à s'exercer méthodiquement et en communauté d'action.

qu'en présence de l'éternité il n'existe que des éléments dont les fins sont non seulement semblables, mais solidaires.

Dans le Temps et dans l'Espace, les âmes appartiennent à la différenciation sous ses aspects multiformes ; autant d'âmes, autant d'aspects. Mais la vie divine ne connaît aucune différenciation. Elle est *une* en Celui qui la manifeste. Égale à elle-même dans toutes les parties qui la comprennent, elle s'exprime non de plusieurs manières, mais d'une seule manière, non selon des lois temporaires, mais conformément à la loi une et indivisible dont dépend tout système mondial, toute vie fragmentée.

Faire la volonté du Père consiste, pour une âme en voie de spiritualisation, à identifier l'organe séparé qui la constitue jusqu'ici à la Vie divine qui circule dans l'organisme mondial tout entier, puis d'exercer ses facultés intrinsèques au profit de cette activité supérieure.

Tout, dans les Évangiles, a trait à l'antinomie qui existe entre le monde considéré en lui-même et pour lui-même et *la vie en soi*. Les livres sacrés ont évidemment pour but d'établir, à l'usage de *ceux qui ont des yeux pour voir et des oreilles pour entendre* (Matth., XIII, 16), que l'existence, telle que la connaissent les humains, est, non un but, mais un moyen. Or, en tant que moyen, l'existence ne saurait se suffire à elle-même au delà d'un temps donné. Qui ne connaît l'expérience cent fois renouvelée que la vie relative ne peut être dans le cas d'apprécier et de comprendre la Vie absolue. Là se trouve la raison de l'existence relative. Il faut passer du mode extrinsèque au mode intrinsèque et les juger l'un par l'autre, tout comme on n'admet l'existence de la Lumière qu'après avoir connu l'Ombre et participé de ses vertus négatives.

Mais l'Ombre, n'ayant pas de vie propre, ne peut prévaloir sur la Lumière. Pour demeurer dans le rôle qui leur est assigné par la nature, les vertus négatives servent au progrès jusqu'au moment précis — point tournant de l'évolution — où, devenu plus nuisible qu'utile, ce rôle doit cesser, pour faire place à une activité supérieure.

A ce moment, l'âme est appelée à reconnaître sa voie et à subordonner désormais sa vie extrinsèque à sa vie intrinsèque. Elle est symbolisée dans les Évangiles *par les Vierges sages qui attendent l'arrivée de l'Époux et qui veillent à ce que la flamme de leur lampe ne s'éteigne point* (Matth., XXV, 13); en d'autres termes, que la spiritualité qui est en elles soit entretenue et fortifiée en vue de leur identification avec l'Esprit.

L'Époux, le Seigneur, le Christ est synonyme d'existence supérieure une et indivisible en Dieu. Exotériquement, une telle existence ne se conçoit point sans personnification. La personnification sanctionne, en quelque sorte, aux yeux du croyant son identification divine ; elle la rend objective et en facilite la teneur.

Cependant, l'identification réelle ne comporte aucune personnification, attendu que la Vie divine ne saurait être considérée en soi comme quantité, mais uniquement comme qualité. Or, le propre d'une qualité consiste à n'être point saisissable de façon extrinsèque. Pour qu'elle le devienne, comme c'est le cas dans toute opération donnée où la vie et la forme coexistent, il est indispensable que la quantité, *attribut de la forme*, réponde à l'attraction de la qualité, *attribut de la vie*, et vibre synchroniquement avec elle.

C'est pourquoi Dieu est impersonnel et personnel à la fois.

Lorsque, pour ses propres besoins, l'âme fait appel non seulement à l'idée de qualité, mais à celle de quantité, fût-elle la plus homogène, Dieu devient personnel à ses yeux. En revanche, l'impersonnel s'impose seul à son entendement lorsqu'elle devient capable de s'abstraire suffisamment de l'idée de quantité pour s'unir à la qualité unique et souveraine.

De façon ésotérique donc, Dieu est impersonnel. Il est le Père, tandis que le Fils, par sa double polarité (divine et humaine), prête davantage à une personnification relative. Le Fils appartient tout à la fois à la vie et à la forme ; c'est en cette dernière qualité qu'Il donne au monde le spectacle de l'Humanité divine.

On n'arrive au Père que par le Fils, attendu que l'humanité et la divinité sont inséparables chez l'individu. Le propre de l'humanité est de se spiritualiser à ce point que la forme devienne, en elle, l'expression harmonique et complète de la vie.

Telle est l'œuvre du Fils. Elle s'accomplit au cœur de l'homme dès que celui-ci participe suffisamment de la nature divine pour subir l'ascendant des forces qualitatives et leur obéir uniquement.

C'est là le *Mysterium magnum* des Anciens, la

Régénération des modernes. Autant dire qu'il s'agit d'une loi unique et souveraine, laquelle ne connaît nulle acception de personnes. Chaque religion la proclame à son tour et à sa manière, jusqu'à ce que le principe de toute vie et de toute forme ait manifesté en chaque vie séparée son caractère unitif et l'ait rattaché indistinctement au *Tout*.

Le but de ces pages est de montrer comment le christianisme réédite cette vérité primordiale et fournit des arguments à son appui. Le fait qu'il ait pu être imparfaitement compris n'infirme en rien le rôle qu'il fut appelé à jouer ; il en recule simplement les possibilités. Le Christ n'a-t-il pas dit : *Le Ciel et la Terre passeront, mais mes paroles ne passeront point.* (Marc, XIII, 31.)

Th. Darel.

2-4-06. — Tours, imp. E. Arrault et Cie

www.ingramcontent.com/pod-product-compliance
Lightning Source LLC
LaVergne TN
LVHW050219180726
843501LV00013BA/2162

* 9 7 8 2 3 2 9 6 6 1 2 5 4 *